I0208191

www.ingramcontent.com/pod-product-compliance
Lightning Source LLC
Chambersburg PA
CBHW020007050426
42450CB00005B/360

9781685682798

من مؤلفات شري دايا ماتا أيضاً

Only Love:
Living the Spiritual Life in a Changing World

Finding the Joy Within You:
Personal Counsel for God-Centered Living

Intuition:
Soul-Guidance for Life's Decisions

ادخل إلى
القلب الهادئ

خلْق
علاقة ودية
مع الله

تأليف
شري دايا ماتا

Self-Realization Fellowship
FOUNDED 1920 BY PARAMAHANSA YOGANANDA

نبذة عن هذا الكتاب: ادخل إلى القلب الهادئ *Enter the Quiet Heart* هو مجموعة مختارة من محاضرات ورسائل شري دايا ماتا. المحاضرات أُلقيت في اجتماعات غير رسمية في كل من أمريكا والهند حيث تحدثت عن جوانب متعددة للحياة الروحية. وقد تم نشر هذه المحاضرات سابقاً في مجلة Self-Realization، وكذلك في كتابين هما *Only Love* (١٩٧٦) و *Finding the Joy Within you* (١٩٩٠).

تم نشر العنوان الأصلي باللغة الإنكليزية
بواسطة Self-Realization Fellowship ، لوس أنجلوس (كاليفورنيا):
Enter the Quiet Heart

ISBN: 978-0-87612-175-7

تُرجم إلى العربية بواسطة Self-Realization Fellowship

حقوق النشر محفوظة لـ Self-Realization Fellowship ©٢٠٢٥

Copyright © 2025 Self-Realization Fellowship

جميع الحقوق محفوظة. باستثناء الاقتباسات الموجزة في مراجعات الكتب، لا يجوز إعادة إنتاج أي جزء من ادخل إلى القلب الهادئ *(Enter the Quiet Heart)* أو تخزينه، أو نقله، أو عرضه بأي شكل، أو بأي وسيلة (إلكترونية أو ميكانيكية أو غير ذلك) معروفة الآن أو سيتم ابتكارها فيما بعد – بما في ذلك النسخ والتسجيل أو أي نظام لتخزين المعلومات واسترجاعها – دون إذن كتابي مسبق من الناشر:

Self-Realization Fellowship, 3880 San Rafael Avenue,
Los Angeles, California 90065-3219, U.S.A.

بترخيص من مجلس النشر الدولي التابع إلى
Self-Realization Fellowship

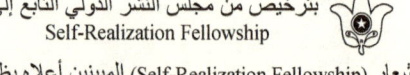

إن اسم وشعار (Self-Realization Fellowship) المبينين أعلاه يظهران على جميع كتب وتسجيلات ومطبوعات أخرى صادرة عن Self-Realization Fellowship مما يؤكد للقارئ أن المادة المنشورة مصدرها الجماعة التي أسسها برمهنسا يوغانندا وأنها تنقل تعاليمه بصدق وأمانة.

الطبعة العربية الأولى، ٢٠٢٥
First edition in Arabic, 2025
هذا الإصدار، ٢٠٢٥
This printing, 2025

ISBN: 978-1-68568-279-8

1546-J8702

إن مَنح المحبة للجميع، والشعور بمحبة الله،
ومعاينة حضوره في كل واحد...
هي طريقة العيش في هذا العالم.
– برمهنسا يوغانندا

مقدمة

كل كائن بشري يتشوق إلى الحب. تلك كانت الرغبة العارمة في قلبي منذ طفولتي. فبالنسبة لي لا معنى للحياة بدون الحب. ولكن كان لديّ تصور بأنني لن أرضى أبداً بحب غير مثالي يشوبه النقص. فالحب الذي يرضيني هو حب غير مشروط، حب لن يسبب لي أبداً الخيبة والإحباط. وقال لي عقلي إنني بالبحث عن الحب الكامل يجب عليّ الذهاب إلى مصدر الحب. إلى الواحد الأحد الذي وحده قادر على منح ذلك الحب. وهكذا ابتدأ بحثي عن الله.

لقد كنت فتاة بعمر السابعة عشر، في عام ١٩٣١، عندما قادني بحثي إلى لقاءٍ غيّر حياتي للأبد. إذ كان من حسن حظي أنني حضرت سلسلة من المحاضرات ألقاها في مدينتي سولت ليك سيتي أحد رجال الله العظماء هو برمهنسا يوغانندا.[١] وفي السنوات التي تلت ذلك، تعلمت منه كيف أحقق الحنين الذي سكن قلبي طوال حياتي: العثور على الحب الكامل، الحب الإلهي – الحب الكلي الغامر الذي اختبرته في مناجاة الحبيب الأبدي لنفوسنا.

أثناء تنقلاتي في كل أنحاء العالم، سألني الكثير من الناس: "كيف يمكنني العثور على معنىً أعظم لحياتي؟ هل هناك ما

١ راجع الصفحة ١١٢ "نبذة عن برمهنسا يوغانندا."

يملأ الفراغ ويشبع الحنين الذي أحس به في قلبي؟ أين الحب الذي أفتقده؟"
وهذا جوهر ما أقوله لهم.

ادخل إلى القلب الهادئ

يا له من حب عظيم، ويا له من سلام يبعث على الهدوء، ويا له من فرح تنتشي به النفس، بانتظارك في أعماق كيانك الهادئة حيث يمكنك العثور على الله!

عندما ننادي الله من صميم قلبنا الهادئ – بشوق متواضع وصادق للتعرف عليه والشعور بحبه – فإننا نستجلب استجابته بكل تأكيد. وذلك الحضور العذب للمحبوب الإلهي يصبح الحقيقة الأسمى بالنسبة لنا، فيمنحنا كل الرضا، ويحوّل حياتنا للأفضل.

الله هو ملجأ من السلام، والمحبة، والراحة، والفهم الذي منه يمكننا الحصول على القوة التي نحتاجها للتعامل مع متطلبات الحياة التي لا تنتهي.

في داخل كل واحد منا معبد من السكينة والهدوء لا يسمح لاضطرابات العالم بالتطفل عليه. وبغض النظر عما يحدث من حولنا، عندما ندخل ذلك المحراب – محراب السكون في نفوسنا، نشعر بحضور الله المبارك ونحصل على سلامه وقوّته.

دع عقلك يستريح باستمرار، أو كلما أمكن، في التفكير بالله. في ذلك التفكير نجذب القوة، والحكمة، والحب العظيم الذي تتشوق إليه نفوسنا. دع عقلك يثبت في الذي وحده لا يتغير في هذا العالم المتغيّر: في الله.

إن دققنا في أعماق نفسنا، لوجدنا جوعاً، وحنيناً، وحاجة إلى نوع من الحب الذي يغمر كياننا ويمنحنا رضىً كاملاً وطمأنينة تامة لا يمكن لأي شيء في العالم أن يمنحهما لنا – سواء المال أو الثروة أو أي قدرٍ من الفهم العقلاني.

في الله يوجد الأمان والتحقيق الأعظم لكل ما تتوق إليه نفسك. ما من شيء على الأرض يمكن أن يعادل بهجة العلاقة العذبة، والنقية، والمحببة بين النفس وإلهها المحبوب.

العالم بأسره قد يخيّب أملنا، ولكن إن أسسنا علاقة داخلية حلوة ومؤنسة مع الله، لن نشعر أبداً بأننا وحيدون أو مهجورون. لأن كائناً أسمى يقف دوماً بجانبنا – إنه صديقنا الإلهي، حبيبنا الحقيقي، أمنا الحقيقية وأبونا الحقيقي. ومهما يكن المظهر الذي تتصوره عن الله يكون الله بالنسبة لك وفقاً لذلك التصوّر.

عندما تذهب إلى الله أولاً، سيملأ حياتك ونفسك بكل ما هو رائع وجميل. الآن، عندما أنظر إلى داخلي وأسأل نفسي إن كان هناك أي شيء تتشوق إليه روحي، يأتي الجواب دوماً: لا ينقصني شيء؛ فنفسي قانعة راضية بحبيبي الله.

وحده الله قادر على تحقيق أعمق احتياجاتنا...
عندما يدرك الشخص هذه الحقيقة، سيبحث عن طريقة للتقرب من الله. التدريب الذي اتبعته هو ببساطة: أولاً وقبل كل شيء امتلاك الشوق إلى الله؛ ثم تنمية علاقة شخصية معه عن طريق الإخلاص والمحبة التعبدية.

لبناء علاقة حميمة مع الله يجب أن تتعرف عليه. لو طُلب منك أن تحب شخصاً لم تعرفه من قبل، ستجد أنه من الصعب جداً أن تفعل ذلك – حتى ولو قيل لك أن ذلك الشخص يمتلك مزايا رائعة. ولكن إن قابلت ذلك الشخص وصرفت بعض الوقت معه، ستبدأ بالتعرف عليه، ثم بالإعجاب به، ثم بمحبته. وهذا هو المسار الذي يتعين اتباعه لتنمية الحب لله.

والسؤال هو: ما هي طريقة التعرف عليه؟ هنا يأتي دور التأمل. إن جميع الأسفار المقدسة تشجع الباحث عن الله، والراغب في التعرف عليه، بأن يجلس بهدوء من أجل مناجاة الله والتواصل معه.

في تعاليمنا، نمارس أساليب التأمل وأيضاً نرنّم ونصلّي لتحقيق هذه الغاية. بعض الأساليب ضرورية. لا يمكنك معرفة الله بقراءة كتاب عن الفرح أو الحب الإلهي. ومع أن الكتابات الروحية تثير الحماس وتلهم الإيمان، لكنها لا تمنح النتيجة النهائية. ولا حتى مجرد الإصغاء لمحاضرة عن الله يحقق ذلك. يجب أن تجلس بهدوء في تأمل عميق، حتى ولو لبضع لحظات كل يوم، وتبعد عقلك عن كل شيء آخر وتركّزه على الله وحده. بذلك تبدأ تدريجياً بالتعرف على الله؛ وعندما تتعرف عليه لا يمكنك إلّا أن تحبه.

احتفظ بمكان مرتّب ونظيف داخل نفسك بحيث يمكنك أن تذهب إليه يومياً لتكون بهدوء مع الله.

طوال اليوم تتاح لنا فرص للتوجه بأفكارنا إلى الداخل حتى ولو للحظة، والتحدث إلى الله.

إن تحدثت بعمق إلى الله ولو لعشر دقائق في اليوم، ولم تفكر بأي شيء آخر سواه، ستلمس تغيّراً رائعاً في حياتك. ليس هناك شك في ذلك.

الصلوات الطويلة لا تلامس بالضرورة قلب الله. إن مجرد فكرة واحدة، يتم الاعراب عنها مراراً وتكراراً من أعماق النفس تجلب استجابة عظيمة من الله.

لا أحب استخدام كلمة صلاة التي تبدو أنها توحي بالتماس رسمي من جانب واحد إلى الله. بالنسبة لي، المحادثة مع الله كالتحدث إلى أقرب وأعز الأصدقاء هي شكل من أشكال الصلاة الطبيعية والأكثر خصوصية وفعالية.

ما هي أسهل طريقة لكسب أي شخص؟ ليس عن طريق الحجج المقنِعة، بل عن طريق المحبة. إذاً الطريقة المنطقية لكسب الصديق الإلهي هي أن تحبه.

بسهولة تقول لطفلك، أو تقول لزوجتك، أو تقولين لزوجك "أحبك" دون الشعور بالإحراج من قول ذلك. وبالمثل، من السهل أن تتوجّه إلى الداخل، وتغلق باب ذلك المعبد الصغير في القلب وتقول: "أحبك يا الله."

الإخلاص المقترن بالمحبة التعبدية هو أسهل طريقة لجذب أو استرعاء انتباه الله.

عندما يأتي إليّ أشخاص ويقولون: "لا أعرف كيف أحب الله؛ ولا أعرف كيف أتحدث إليه،" أقول لهم: "مثلما تتحدثون إليّ، وتفتحون قلوبكم لي الآن، تعوّدوا على التحدث إلى الله وفتح قلوبكم له." إنه لأمر مدهش كيف يستجيب الله إلى هذا النوع من الإخلاص البسيط في علاقتنا معه.

الإخلاص هو الركيزة الأساسية لعلاقة النفس مع الله. وهذا يعني القدرة على الذهاب إلى الله والتحدث إليه بصراحة وحميمية وبأبسط عبارات قلبك، وتقول له: "ساعدني يا ربي."

لا ينبغي لنا ارتداء عباءة الورع الزائف عندما نصلي. فالله لا يتأثر بمثل هذا النوع من الورع. ما يهمه هو ما ينبثق من قلوبنا بعفوية وتلقائية.

بالنسبة لي، إن أسهل طريقة للحصول على استجابة من الله هي أن أناجيه في داخلي ومن كل قلبي: "يا حبيبي يا إلهي، يا حبيبي يا إلهي." يجب أن تستمر في ترديد هذا حتى وإن لم تشعر بذلك في البداية. وسيأتي اليوم الذي تقول فيه وتعني ما تقول: "يا إلهي، يا إلهي؛ يا ربي، يا ربي. أنت [الأوحد في الوجود] و أنت الكل في الكل." ولا حاجة إلى قول أكثر من ذلك.

مارس أساليب التأمل إلى أن تصبح هادئاً ويتركّز انتباهك في داخلك. ثم خذ فكرة واحدة ورددها بصورة متواصلة، مراراً وتكراراً، باستثناء أي فكرة أخرى، مثل: "أحبك يا إلهي. أريدك يا إلهي. أريدك أنت فقط، أنت فقط، أنت فقط يا إلهي." آه ما أعذب التحدث إلى الله على هذا النحو بلغة قلبك! ستكتشف ما هو الحب الحقيقي. وستكتشف ما هو الفرح الحقيقي.

يصل المريد إلى تلك الحالة، أثناء أو عند الانتهاء من التأمل، بحيث يُعرب عن أفكاره بطريقة بسيطة جداً... هناك فقط التعبير التالي الصادق، النابع من القلب، ومن العقل، ومن النفس: "ليس لديّ ما أطلبه. وليس لديّ ما أقوله سوى 'أحبك.' ولا أريد شيئاً سوى التمتع بهذا الحب، وتثمينه كأعز ما أملك، وأبقيه قريباً من روحي، وأستقي منه دوماً. لا يوجد شيء في العالم – لا القوة العقلية، ولا المشتهيات الحسية – تُبعد فكري عن عهد حبي لك يا رب."

يجب تنمية عادة التحدث حديث الوجدان مع الله والإعراب عن الحب له، ليس فقط بالنسبة للذين يعيشون في الأديرة والصوامع، بل أيضاً للذين يعيشون في العالم. هذا مستطاع ولا يتطلب سوى القليل من المجهود. إن كل العادات التي عملتَ على تنميتها لغاية الآن هي أعمال قمتَ بها بصورة منتظمة، جسدياً أو عقلياً، حتى أصبحتْ طبيعة ثانية بالنسبة لك. إنما كان عليك أن تبدأ في وقت ما لخلق تلك العادات. والآن حان الوقت للبدء بتلك الأفعال والأفكار التي من شأنها تنمية عادة التحدث بصمت إلى الله.

ببساطة قل لله بكلماتك الخاصة – بهدوء ودون أن يسمعك أحد – أنك تحبه. قل له أثناء جلوسك في التأمل الصامت. قل له عندما تكون في الشارع المزدحم أو جالساً على مكتبك: "أحبك يا إلهي. أحبك يا ربي." ولتكن هذه آخر فكرة في خاطرك في الليل قبل أن تخلد للنوم. حاول ذلك الليلة. إنه اختبار في منتهى الجمال ويمنح أعظم فرح. وعندما تكون على وشك أن تغفو، وتبدأ نفسك بدخول حالة الراحة والسكون، دع عقلك يرنّم بهدوء، وعذوبة، وصمت: "يا رب يا رب، يا حبيبي يا حبيبي، ويا إلهي."

عندما تشعر بالحزن وعندما تشعر بالسعادة؛ عندما لا يكون جسدك على ما يرام وعندما يكون قوياً نشيطاً؛ عندما تسوء الأحوال وعندما تسير الأمور بشكل جيد، امتلك أثناء كل هذه الأوقات فكرة واحدة تنطلق بثبات وصمت من قلبك وتقول: "أحبك يا إلهي."

تحلو الحياة كثيراً وتزداد جمالاً عندما أفكر في الله أثناء استخدام الحواس. فعندما أرى الناس أقول: "إنهم أصدقائي وإنني أحبهم." ويمكنني أن أنظر إلى الطيور والأشجار وأقول: "أحبها." ولكنني أعلم "أنك أنت الذي أحبه يا رب. فقد أعطيتني عينين لأبصر بهما الجمال في كل شيء وفي كل واحد خلقته."

عندما أرى أشخاصاً أفكارهم مضطربة بسبب الكثير من المشاكل – من إحباطات، وتعاسة، وخيبات أمل – يتألم قلبي لهم. لماذا يُبتلى الناس بمثل هذه التجارب؟ لسبب واحد: لأنهم ينسون مصدرهم الإلهي الذي أتوا منه. لو عرفتم لمرة واحدة أن ما تفتقر إليه حياتكم هو واحد – الله – ثم عملتم على ملء ذلك الفراغ بالوعي الإلهي في التأمل اليومي، سيأتي الوقت الذي فيه تشعرون بأنه لا يعوزكم شيء، وبأنكم راضون كل الرضا، وبأن ما من شيء يمكن أن يهزكم أو يسبب لكم الازعاج.

حتى في تلك الأوقات التي يشعر فيها القلب بالجفاف، حاول أن تشعر بحب الله. يجب أن يصبح هذا التوجه طريقة حياة؛ ليس لمجرد دقائق أو ساعات في اليوم، وليس فقط لمجرد بضع سنوات، بل في كل لحظة من لحظات أيامك. عندها ستجد في نهاية الطريق أن المحبوب الإلهي هناك وفي انتظارك.

كل يوم على الطريق [الروحي] يمكن أن يكون يوم فرح، واستبشار، وشجاعة، وقوة، ومحبة، عندما تناجي وتنادي الله بلغة قلبك دون انقطاع.

معظم الناس يتوقفون عن بذل الجهد لأنهم يتصورون بأن الله لا يستجيب؛ ولكنه يجعل حضوره معلوماً في الوقت الذي يختاره هو وبطريقته الخاصة. إحدى المشاكل هي أننا ننسى أنه يتوجب علينا أن نصغي له! فالإصغاء هو جزء من الحديث مع الله، كما يقول الكتاب المقدس: "كُفّوا [التزموا الهدوء] واعلموا أني أنا الله."

الناس يأتون إليّ، هنا وفي الخارج، ويسألونني: "كيف يمكنكِ الجلوس في التأمل دون حركة لساعات طويلة؟ وماذا تفعلين أثناء فترات الهدوء تلك؟" لقد قام يوغيو الهند القديمة بتطوير عِلم الدين. ولقد اكتشفوا أنه باستخدام أساليب علمية محددة يمكن تهدئة العقل كثيراً بحيث لا يمكن حتى لموجة فكرية شاردة أن تشتت الانتباه. وفي بحيرة الوعي الهادئة تلك، يمكننا أن نبصر صورة الله منعكسة في داخلنا.

الله حاضر دائماً. فهو لا يأتي فجأة من نقطة معينة في الفضاء ويقترب منا. إنه معنا على الدوام، لكننا لا نعرف ذلك لأن أفكارنا ليست معه. إننا نسمح للطباع والأمزجة، والعواطف المحتدمة، والحساسية المفرطة، والغضب، وسوء الفهم الناجم عن هذه المشاعر، بأن تشوّش أحاسيسنا وتحجب بصائرنا بحيث نظل غير مدركين لحضوره.

تقول كتب العالم المقدسة إننا مخلوقون على صورة الله. إن كان الأمر كذلك، فلماذا لا نعرف أننا أنقياء وخالدون مثله؟ ولماذا لا ندرك بأن نفوسنا هي تجسيدات لروحه؟...

مرة أخرى، ما الذي تقوله الأسفار المقدسة؟ "كفوا [التزموا الهدوء] واعلموا أني أنا الله." و "صلّوا بلا انقطاع."

بالممارسة المنتظمة لتأمل اليوغا، وباهتمام متواصل وانتباه غير مشتت، سيحين الوقت عندما تقول فجأة: "يا إلهي! أنا لست هذا الجسد، مع أنني أستخدمه للتواصل مع هذا العالم. وأنا لست هذا العقل، بما فيه من انفعالات الغضب، والغيرة، والحسد، والكراهية، والجشع، والقلق. أنا حالة الوعي الرائعة التي في داخلي. أنا مخلوق على الصورة المقدسة للمحبة والنعيم الإلهي."

المريدون الذي يعيشون في وعي الله يجدون أنهم مغمورون به دائماً، وأن العقل يحوم باستمرار حول مظهر من مظاهره، مرددين: يا إلهي، يا أبي، يا أمي، يا صديقي، يا محبوبي، يا حبيبي، ويا حصتي ونصيبي.

اعمل على تنمية علاقة شخصية أكثر حميمية مع الله معتبراً أنك طفله، أو صديقه، أو مريده. يجب أن نتمتع بالحياة ونشعر أننا نشارك اختباراتنا مع كائن أسمى، في منتهى اللطف، متفهم جداً، ويحبنا محبة فائقة .

معظم الناس ليس لديهم أي مفهوم على الإطلاق عن ماهية الله. بالنسبة لكثيرين، الله هو مجرد اسم. البعض يفكر أن له شكلاً بينما يعتقد آخرون أن لا شكل له. من الحماقة التفكير بأنه لا بد أن يكون إما بشكل أو بدون شكل: إنه الاثنان معاً. طبيعة الله غير محدودة: فهو "كل الأشياء لكل الناس." ويحق لكل مريد أن يثمّن المفهوم الخاص به عن الله – المفهوم الأكثر استحساناً وجاذبية له.

النقطة المهمة هي الآتي: بغض النظر عن الفكرة التي لديك عن اللانهائي، يجب أن توقظ الإخلاص والحب الإلهي في داخلك.

إن كنت لا تستطيع تصوّر فكرة الإله الشخصي برمتها، فدعك إذاً من كل الصور والأشكال وركّز على الغبطة اللانهائية، والعقل اللانهائي، والوعي الكلي الوجود، فيما إذا كانت هذه المفاهيم أكثر منطقية وقبولاً لديك.

أتى إليّ أحدهم وقال: "أجد أنه من المستحيل أن أفكر بالله كأب. ولا يمكنني أن أتبع ديناً يشدد على أهمية محبة الله والصلاة له كأب."

قلت: "ولماذا يزعجك ذلك؟ فالله هو كل الأشياء. ماذا تعتقد أنه؟"

أجاب: "أفكر بالله كأم."

فقلت له: "اسعَ إلى الله كأم. فكّر باللانهائي على ضوء ذلك، وستدرك يوماً أن الله هو ما وراء كل الأشكال، لكنه يظهر ذاته أيضاً من خلال صور وأشكال تفوق الحصر."

الله بالنسبة لي هو حب غير متناهٍ ولا شكل له. أحياناً أفكر بذلك الحب بأنه حبيبي، وأحياناً بأنه أمي الإلهية، وأحياناً أخرى أنه ببساطة حب إلهي. ليس من الصعب إدراك المفهوم المتحرر من الأشكال عندما تتذكر أنك أنت أيضاً لا شكل لك. فكما أن الكهرباء موجودة داخل مصباح، لكن الكهرباء ليست المصباح، هكذا أنت ـ النفس ـ لست الجسد. وعندما تدرك أن الله موجود في كل الأشياء، تغمرك النشوة الإلهية لمجرد التفكير به في أي مظهر من مظاهره.

فكّر بالله بأنه ليس مجرد كلمة، أو غريب، أو واحد في علو مرتفع، بانتظار إدانتك وعقابك. فكّر به كما لو كنت تريد أن يفكر بك [الناس] لو كنت الله.

لا يوجد أبداً أي شيء يمكننا أن نفعله ويجعل الله يهجرنا. إنه لا يتركنا أو يتخلى عنا أبداً.

ليس علينا أن نكون كاملين أمام الله كي يحبنا. إنه يحبنا الآن، بالرغم من كل عيوبنا ونقاط ضعفنا.

إن إحدى نقاط ضعفنا هي خوفنا من الله. فنحن نخشى أن نعترف أمامه بالأشياء التي تثير في نفوسنا، وفي قلوبنا، وفي ضميرنا قلقاً عميقاً. الحبيب الإلهي يجب أن يكون أول من تذهب إليه وتضع بين يديه كل مشكلة من مشاكلك... لماذا؟ لأن الله يعرف نقاط ضعفك قبل أن تعرفها بفترة طويلة. إنك لا تخبره بشيء جديد. كل ما هنالك تشعر نفسك بانفراج كبير عندما تخفف العبء عنها بالتوجه إلى الله.

"يا رب، إنني أجرؤ على توجيه أي سؤال لك. فأنا لا أخجل [أمامك] أبداً، ولا أشعر بالإحراج أو التجديف، لأنك حبيبي. إنك تعرف بساطة نفسي. وإنك تتفهم تشوقي للفهم والحكمة. إنك تراني بصفاتي الطيبة وبكل عاداتي المظلمة التي لم أتمكن بعد من التخلص منها. إنك لا تعاقبني بسبب الشوائب التي تراكمت حول نقاء نفسي. إنك تساعدني. وأنا لا أحاول إخفاء شوائبي عنك. يا ربي، إنني آتي إليك بتواضع، وبإخلاص، وببساطة، وبثقة كالطفل، طالباً عونك. وسأظل أطلب ولن أتوقف عن الطلب إلى أن تستجيب."

الله لا يديننا عندما نتعثر ونسقط، لذلك يجب ألّا نفرط في توبيخ أنفسنا. وبدلاً من ذلك، يجب أن نحب الله أكثر. حِب الله محبة عظيمة بحيث لا يمكن لعيوبك أن تخيفك، أو تصدك عن التوجه بسرعة إليه.

الله يستجيب، ليس بالضرورة وفقاً لاستحقاقنا، بل بحسب مقدار تلهفنا للقرب منه وعمق اشتياقنا إليه.

امنح الله فكرة واحدة مشبعة بالحب الصادق والشوق الأكيد وسيستجيب لك. [ورسالته هي]: "يا بني، نادني نداءً صامتاً من أعماق روحك وسوف أكون معك في التو واللحظة."

في علاقتي مع الله أحبذ التفكير بأن ذلك الكائن الأقدس هو أمّ. فمحبة الأب غالباً ما تكون مقيدة بالحجج العقلية، والمنطق، وباستحقاق الطفل. لكن محبة الأم غير مشروطة. فعندما يتعلق الأمر بطفلها يطفح قلبها بالمحبة، والحنان، والتسامح... ويمكننا - كالأطفال - أن نقترب من الله في مظهر الأم ونطلب منها أن تمنحنا حبها، بغض النظر عن استحقاقنا.

العلاقة مع الله في مظهر الأم هي علاقة عذبة. فالأم تحب، وتسامح، وتظل وفية لطفلها مهما كانت أخطاؤه. وهكذا يحب الله كل نفس. الأم الإلهية مهتمة بخيرنا كل الاهتمام وتغتبط لسعادتنا. ومن غير الأم أكثر لهفة للبقاء مع الطفل، ومنحه البهجة والعزاء؟ تذكّر هذه الحقيقة عندما تنادي الله في أعماق التأمل الصامتة.

إن القدرة على الشعور بالمحبة النقية وغير المشروطة تأتي من التأمل ومن محبة الله والتحدث إليه بصمت، بلغة قلبك. لا أعتقد أن هناك لحظة واحدة في حياتي تخلو من مناجاتي لله. إنني لست قلقة كثيراً بسبب تحدثه أو عدم تحدثه إليّ. قد يكون من الغريب أن أفكر بهذه الطريقة. ولكنني أعرف الفرح العظيم الذي يأتي من الحديث الباطني مع الله، والشعور فجأة بنشوة روحية كبيرة من الحب الإلهي أو الغبطة أو الحكمة تملأ وعيي ويفيض بها كياني. عندها أدركُ قائلة: "آه يا أمي الإلهية! إنكِ أنتِ التي تمنحينني ما أسعى للحصول عليه في هذه الحياة."

عندما يأتيك شيء جيد، اشكر الله عليه. وعندما تأتي الشدائد، اعطها لله واطلب عونه. وعندما لا تفهم شيئاً ما، توجّه به إلى الله وابحثه معه وصلِّ من أجل الهداية والفهم الصحيح. وبعبارة أخرى، اقرن كل شيء في حياتك مع الله.

في قلب كل إنسان يوجد فراغ لا يمكن أن يملأه إلا الله. اجعل العثور على الله أولوية بالنسبة لك.

تذَكّره، فهو يحبك كثيراً جداً!

تعلّم أن تحب الله محبة عميقة. إن كنت لا تعرف كيف، فيمكنك أن تبتهل دون توقف: "يا رب، علمني أن أحبك... اعطني المحبة. إنني أقف أمامك بكل إحباطاتي، واكتئابي، وأحزاني، وخيبات أملي، وتشوقي للفهم... علمني ما هي المحبة." وسيأتي الوقت الذي فيه يرتاح العقل راحة تامة في حضرة الله المباركة داخل النفس، حيث أن ترديد اسمه مرة واحدة يجلب لك المحبة.

يجب أن نكون صادقين مع الله. ما الفائدة من القول: "أحبك يا رب،" إن كان العقل بعيداً عنه ويفكر بشيء آخر؟ لكن إن نطقتَ اسم الله مرة واحدة بمحبة نقية، ورددته بتركيز عميق وشوق متعاظم، ستتغير حياتك.

إن كنتُ أثناء تحدثي إلى أحدكم أنظر من حولي إلى كل الموجودين في الغرفة، أو إلى الساعة، أو إلى ما يحدث في الخارج، سيقول بينه وبين نفسه: "ما هذا؟! إن كلماتها موجّهة لي، لكن انتباهها في مكان آخر! إنها غير مهتمة بي." وهذا ما نجعل الله يشعر به بسبب عدم انتباهنا له وقلة اهتمامنا به.

إن الله قريب منك على قدر ما يسمح له فكرك بالاقتراب منك.

إن كنا نؤمن بأن الله لا يبعد عنا أكثر من مجرد فكرة، وأنه يصغي إلينا ويهتم بنا بحنان ومودة، فيتعين علينا أن نتوجّه إليه مراراً وتكراراً ونستمتع ونبتهج بصحبته.

إننا نهرع إليه عندما تتعرض حياتنا لكارثة! لا تنتظر حتى يحدث ذلك. إن نداءً صامتاً من القلب سيجلب لك استجابته الطيبة.

لو أن كل واحد منكم، اعتباراً من هذا اليوم وصاعداً، تعوّد على التواصل والحديث الصامت مع الله، وانتظار إجابته والإصغاء له بصدق وإخلاص، سترون كيف أنه يستجيب لنداء قلوبكم. لا يمكن أن يكون الأمر بخلاف ذلك. إنه يستجيب حتى في غمرة النشاط.

كونوا على دراية أكبر بذلك العالم الداخلي، حيث يمكنكم السير مع الله والتحدث معه، وسماع صوته الصامت المطَمْئِن يؤكد لكم بأنكم خاصته. هذه العلاقة المباركة مع الله لا يمكن بناؤها بأي طريقة أخرى غير معرفة كيفية العيش أكثر في الداخل، في "الحصن الداخلي" الذي تحدثت عنه القديسة تريزا.

عندما يكون شوقك لله صادقاً ونابعاً من القلب، ففي اللحظة التي تتوجه فيها إلى داخلك وتتلفظ بصمت باسم المحبوب الإلهي، يطفح قلبك بالفرح والمحبة. وهذا ما يريده كل واحد منا. لا توجد كلمات يمكنها وصف هذا الفرح وهذه المحبة الغامرة. إنني أعرف كم من السهل للقديسين أن يصرفوا حياة بكاملها ملتزمين بنذر الصمت، لأنه في الصمت هناك قدر كبير من المحادثة المبهجة داخل النفس بين الله ومتعبديه الحقيقيين. القديسون يحبذون عدم الإكثار من الكلام، لئلا يطغى الصوت المدوّي لكلامهم على صوت الله العذب في داخلهم.

لقد أعطى الله كل واحد منا معبداً هادئاً في داخله، حيث لا يمكن لأي واحد آخر أن يدخل إليه.

تناغم بعمق مع هذا الإله – إله المحبة الأبدية غير المتناهية – الذي ينتظرك في معبد التأمل.

تذكّر دوماً: أن الله يتعامل مباشرة مع ما هو في قلبك.

لقد وهبنا الله حرية الفكر والخصوصية داخل حرم عقولنا. لا يمكن لأحد أن يقتحم تلك الحرية والخصوصية. في ذلك المكان، لقد منح كل واحد منا فرصة غير محدودة للتعبير عن حبنا له والتواصل معه. لا حاجة لأحد أن يعرف عن عبادتنا الباطنية الصامتة – عن تلك المبادلة المقدسة من الحب والفرح.

المحبة هي التقدمة الوحيدة التي تليق بالله ونقدر على تقديمها له.

الله ينجذب إلى القلب الرقيق الرؤوف. وهو يأتي إلى ذلك المريد النقي البصيرة الذي يراه كامناً في كل صورة وشكل. فكّر بالإله أنه هو ذاته محتجب في كل شخص، وأنه يظهر بهيئة تنكرية ليرى كيف سيكون رد فعلك.

ابذل المجهود كي تشعر نحو الله مثلما يشعر الله نحو كل واحد من أبنائه. يمكننا تنمية الطِيبة واللطف والاهتمام [بالغير] فيما إذا ردّدنا في عقولنا – أثناء تعاملنا مع الآخرين – الصلاة التالية: "يا رب، دعني أشعر بحبك نحو هذا الشخص."...

كل الكائنات تستجيب للمحبة. لقد كان القديس فرنسيس مغموراً بالحب الإلهي لدرجة أن المخلوقات الهيّابة والعدوانية كانت تفقد خوفها ونزعتها العدوانية في حضرته. الشخص الذي يجعل من نفسه وسيلة للحب الإلهي يصبح ممغنطاً روحياً، وتشع منه قوة تحوّل التنافر والنزاع إلى تناغم وانسجام.

الفقرة التالية مدوّنة في الأسفار الهندوسية المقدسة: "ينبغي أن يصفح الإنسان مهما كانت الإساءة. فالصفح يحتفظ بالكون متماسكاً. والصفح هو قوة القوي، والصفح تضحية وسلام للعقل. والصفح والطيبة هما من مزايا من يمتلك نفسه، ويمثلان الفضيلة الأبدية."

اجتهد لأن تحيا بهذا المثل الأعلى، وامنح اللطف والمحبة الشافية للجميع. عندها ستشعر بحب الله الشامل يتدفق إلى قلبك.

لا تسمح لنفسك بأن تصبح شديد الحساسية، تثيرك باستمرار الانفعالات النفسية ومتطلبات الجسد والظروف الخارجية. حاول أن تبقى في سكينة النفس الداخلية التي هي بيتك الحقيقي.

على مدى سنين احتفظت بهذه العبارات المقتبسة على طاولة مكتبي:

"التواضع هو طمأنينة القلب. وهو يعني ألّا أضطرب، أو أشعر بالسخط والإغاظة والانزعاج ، أو الإحباط وخيبة الأمل.

وهو ألّا أتوقع شيئاً، أو أتعجب من تصرفات الغير نحوي أو ضدي. وألّا أقلق عندما لا يمتدحني الآخرون ويلومونني ويستهينون بي.

وهو أن أجد بيتاً مباركاً داخل نفسي، حيث يمكنني أن أذهب إليه، وأغلق الباب، وأركع في السر أمام أبي السماوي، وأكون بسلام في بحر عميق من الهدوء، في حين يكون كل شيء من حولي وفوقي هائجاً مضطرباً."[1]

بالإمكان الشعور بهذا الأمان وهذا السلام بإبقاء الفكر مركّزاً على الله.

عندما نكون مليئين بالاضطرابات العاطفية، والمشاعر المجروحة، والرغبات التي لا تهدأ، أتعرفون أين يكمن الخطأ الحقيقي؟ في جذور هذه المعاناة يكمن الشعور بالوحدة والفراغ الداخلي الذي مصدره عدم معرفة الله. إن نفوسنا تتذكر الحب الكامل الذي تذوقناه ذات مرة في اتحادنا التام مع المحبوب الإلهي، وإننا نتأوه في وحشة هذا العالم ونبكي على فقدان ذلك الحب تشوقاً للحصول عليه مرة ثانية.

١ قانون تي. تي. كارتر (١٨٠٩-١٩٠١)

إن السلام والانسجام اللذين يطلبهما الجميع بإلحاح لا يمكن الحصول عليهما من الأشياء الخارجية أو من أي اختبار خارجي، لأن ذلك ببساطة غير ممكن. ربما بمشاهدة منظر غروب جميل أو الذهاب إلى الجبال أو شاطئ البحر قد تشعر مؤقتاً بالصفاء وسكينة الروح. ولكن حتى أكثر الظروف إلهاماً لن تمنحك السلام إن كنت لا تشعر بالانسجام داخل كيانك.

إن سر جلب الانسجام إلى ظروف حياتك الخارجية يكمن في خلق الانسجام الداخلي مع نفسك ومع الله.

لقد خلق الله كل إنسان على صورته، الصورة المقدسة الموجودة في داخل كل منا – الأتمن أو النفس... عندما تناقض تلك الطبيعة تصبح بائساً، متوتراً، حاد الطبع، سريع الانفعال، متبرماً، غير راضٍ، ضحية لانخفاض الثقة بالنفس وغير ذلك من عدم التناغم النفسي. ولكن عندما تؤسس من جديد الصلة المقدسة بين نفسك وبين الله، تكون قد تعلمت فعلاً كيف تعيش. وتصبح على دراية بنهر عظيم من السلام والحب والغبطة يتدفق من خلالك باستمرار، ويجعلك تشعر بالرضا الدائم.

"يا رب، أنت بي وأنا بك." دع العقل يمعن النظر في هذا التوكيد الفكري... وإذ تكرره بصورة متواصلة اشعرْ بالحقيقة التي تقوم بتأكيدها: مهما كانت حاجتك المادية، أو العاطفية، أو الروحية، اشعر أن حياة الله السخية والزاخرة تتدفق إليك بصورة القوة، والسلام، والهداية، والفرح. اشعر أن الجدران الضيقة للخوف والمحدوديات والضعف والعزلة، التي تبعث على الانقباض تتهاوى مع تمدد كيانك إلى حضور الله الكلي واحتضانه لك.

تأكد أننا لسنا وحيدين، وأننا لم نكن أبداً وحيدين ولن نكون.

الله لا يحابي. فهو يحب كل واحد منا بنفس المقدار الذي يحب فيه أعظم قديسيه.

جاء في الكتب المقدسة الهندوسية أن مجرد ترديد اسم الله – كدعاء – يمكن أن يمنح الإنسان الخلاص. عندما قرأت هذا القول لأول مرة، لم أدرك كيف أن ذلك ممكن. ولكنني عرفت أنه ممكن حقاً، عندما يكون الدعاء مدفوعاً بجوع قلبك وحنين روحك، وتقول: "أحبك وحدك يا إلهي، وأريدك وحدك يا إلهي، وأتشوق إليك وحدك يا إلهي."

كثير من الباحثين قالوا لي: "ولكنني أدعو وأصلّي." المسيحي قد يقول: "على مدى ثلاثة وعشرين عاماً وأنا أردد صلواتي كل يوم"؛ والمسلم قد يقول: "منذ ثلاثة وعشرين عاماً وأنا أصلي الصلوات الخمس بصدق وإخلاص"؛ والهندوسي قد يقول: "إنني أردد الجابا [المانترا] أو أمارس البوجا [الطقوس والعبادة الشعائرية.]" و مع ذلك كل واحد يشتكي قائلاً: "لا أشعر بأنني أحرزت أي تقدم. فعقلي مشوش جداً وأشعر بتوتر كبير. فما هو السبب؟" لأن هذه الممارسات أصبحت آلية. لا يمكنك أن تكسب حب أي إنسان بكلمات حب منطوقة بفتور وبصورة آلية. فالحب يجب أن ينبع من القلب، وهذا غالباً ما تفتقر إليه الممارسات الروحية.

هناك وسائل عديدة للعثور على الله، ولكن القاسم المشترك بينها هو الإخلاص والمحبة التعبدية. هل يوجد عنصر أساسي في كل العلاقات القائمة بين الناس، يجذبهم إلى بعضهم غير المحبة؟ وما الذي يجذبنا إلى الطفل سوى المحبة؟ المحبة هي قوة هائلة في هذا العالم. عندما تنظر بانتباه واهتمام إلى طفل وتقول له: "أحبك يا طفلي" فإن ذلك الصغير يصدقك. ولكن إن قالت له أمه "أحبك،" وفي نفس الوقت يكون ذهنها مشغولاً في مكان آخر، يقول الطفل: "يا ماما أنظري إليّ وقولي لي أنك تحبينني." ألا تظن أن الله يشعر بنفس الكيفية؟

يقول الرب في البهاغافاد غيتا: "من يفكر بي دوماً أفكر به دوماً. لا أغيب عن ناظره أبداً ولا يغيب أبداً عن ناظري." من هذه اللحظة و صاعداً، ابتهل كي تفكر بصمت بالمحبوب الإلهي. إنه يتذكرنا على الدوام، في حين أننا نحن الذين ننساه.

لنتوجه بإخلاص إلى ذلك المحبوب الكوني، ولكن أكثر من الإخلاص يجب أن نتمكن من القول: "أحبك يا الله. أنت خاصتي. لا أستطيع أن أحب أحداً – لا طفلي، ولا أبي أو أمي، ولا زوجي، ولا زوجتي، أو أي إنسان – لو لم تضع في داخلي القدرة على المحبة. ولذلك، أحبك أكثر من الجميع. أحبك يا الله."

إن أعظم فرح يمكنكم أن تعرفوه هو التحدث بصمت إلى الله بلغة الروح. إن حبه لن يخيّبكم أبداً. إنني أتكلم من سنوات من الخبرة. ولذلك أحثكم وأقول لكم: حبوا الله، حبوا الله، حبوا الله.

كونوا منتشين بحب الله الذي هو محبة.

تعلموا أن تنمّوا تلك العلاقة العذبة مع الله بحيث كلما شعرتم بخيبة الأمل أو الإحباط في حياتكم، تعلمون أن ذلك الشعور آتٍ من الله ليذكركم بوجوب عدم نسيانكم له.

كم هو رائع أن تكون لديك تلك العلاقة مع الأم الإلهية حيث تشعر بأنها ليست غائبة عنك أبداً، حتى في أوقات الشدة والتوتر. عندما تنمّي ذلك القرب والارتباط الوثيق، يمكنك أن تتحدث إليها عن أي شيء، وتشعر باستجابتها العذبة التي تبعث في النفس الطمأنينة. هذا لا يعني أن تقترب منها بشعور من البِر الذاتي أو بأنك ضحية لسوء المعاملة، بل كطفل صغير يذهب إلى أمه.

الشدائد والصعاب لا تأتي لتحطمنا أو تعاقبنا، بل لإيقاظ القوة التي لا تُقهر في نفوسنا... المحن المؤلمة التي نمر بها ليست سوى ظل يد الله الممتدة نحونا لتباركنا. فالله متلهف جداً لإخراجنا من هذا الوهم الكوني (مايا) – من هذا العالم، عالم الثنائيات المقلق العسير. ومهما كانت الصعاب التي يدعنا الله نمُر بها ونعاني منها هي ضرورية لتعجيل عودتنا إليه.

تحدّث إليه كالطفل. إن فعلت ذلك كل ليلة، ستصبح حياتك مرتبطة به. وستصبح كالشجرة القوية التي تنحني مع الريح لكنها لا تنكسر أبداً. الشجرة الضعيفة تنكسر وتسقط من عصفة ريح خفيفة. المحب لله يتعلّم أن ينحني مع تجارب الحياة، دون أن ينكسر، لأن جذوره راسخة بعمق في الله.

إن أسهل طريقة لكسب معركة الحياة هي أن تمنح التفكير بالله الأولوية في وعيك.

هناك عدة نقاط أساسية تُمكننا من أن نكون نشيطين للغاية ومع ذلك لا نفقد سلامنا الداخلي أو توازننا. أولى هذه النقاط هي بدء كل يوم بفترة من التأمل. الأشخاص الذين لا يتأملون لا يمكنهم أبداً أن يعرفوا القدر الكبير من السلام الذي يملأ الوعي عندما يغوص الفكر عميقاً في الداخل. لا يمكنك بلوغ حالة السلام بمجرد التفكير بها لأنها موجودة خارج نطاق العقل الواعي وما وراء عملية التفكير. لهذا السبب فإن أساليب اليوغا للتأمل التي علّمها لنا برمهنسا يوغانندا هي في منتهى الروعة؛ ويجب على العالم كله أن يتعلمها. عندما تمارس تلك الأساليب بشكل صحيح، تشعر فعلاً أنك تعوم في بحر من السلام الباطني. ابدأ يومك بتركيز العقل على تلك السكينة الداخلية.

أثناء العمل، وبين الحين والآخر، توقّف واسأل نفسك: "أين وعيي الآن؟ وهل عقلي يفكر بالله في داخلي، أم أنه مشتت بسبب المشاغل الخارجية؟" إن تأملت ثم حاولت أن تُبقي فكرك مركّزاً على الله أثناء النشاط، تبدأ تلقائياً بإظهار التوازن في حياتك. وتصبح شخصاً أكثر هدوءاً – تعمل ليس بانفعال بل من حالة أعمق، نابعة من السكينة الداخلية.

في خضم النشاط المكثف، عندما تكون هناك عدة مشكلات تتطلب انتباهك في نفس الوقت، يكون من الصعب أن تتوقف فجأة عن كل ما تقوم به وتفكر قائلاً: "يا إلهي الحبيب، هل ما زلت معي؟" [لكن] عندما يُظهر نداؤك الصامت له حضورَه المطَمئِن المريح، حينئذٍ تعلم بأنك تتقدم روحياً.

إن طبّقت ما أقترحه، سيأتي الوقت الذي يظل فيه وعيك في حالة تأملية – مع الله على الدوام. وفي نهاية المطاف يصبح المريد مثل الأخ لورانس: سواء كان يكنس الأرض أو يتعبد لله أمام المذبح، كان عقله مستغرقاً باستمرار في الله.[٢] تلك هي الحالة التي ترغب في بلوغها. ولكن ذلك يتطلب بذل الجهد – فهي لا تأتي بمجرد التصوّر. أخيراً ستجد أنك حتى أثناء القيام بعملك، كلما حوّلت عقلك للداخل ولو لبرهة قصيرة، ستشعر بنبع متدفق من الإخلاص والمحبة والفرح والحكمة. وستقول: "يا للروعة، إنه معي!" وتلك هي ثمرة التأمل التي يمكن تذوقها في أي وقت، في التواصل الهادئ مع الله أو في خضم العمل والنشاط.

المحبة هي الحقيقة الوحيدة؛ لا يوجد شيء آخر في الحياة له جاذبية دائمة وتشويقاً متواصلاً للنفس كالمحبة. منذ سنوات عديدة، قلت لبرمهنسا يوغانندا: "هناك شيء واحد أتلهف لامتلاكه في الحياة هو الحب، لكنني أريد الحصول عليه من الله."

وقد تركت إجابته أثراً عميقاً في نفسي، عندما قال: "إذاً أقول لكِ: خذي ذلك التلهف معكِ إلى التأمل. تأملي بعمق كبير بحيث يمتلئ عقلك بالرغبة في حب الله وليس بأي شيء آخر؛ وسوف تعرفينه لأنه محبة."

٢ الأخ لورانس (١٦١٤- ١٦٩١)، مؤلف الكتاب الكلاسيكي التعبدي ممارسة حضور الله *The Practice of the Presence of God*.

اذهب إلى ركن منعزل حيث يمكنك أن تكون بمفردك. وسواء كنتَ مثقلاً بالهموم، أو تشعر بفرح غامر وسلام وطمأنينة، اجلس بهدوء وتواصل مع الله بلغة روحك. إن ثابرتَ ستحصل على استجابته بكل تأكيد، ولا يمكن أن يكون الأمر غير ذلك. وكلما تحدثت إليه أكثر – ليس بلغة متكلفة وصلاة ببغاوية، بل بمناجاة شخصية نابعة من أعماق القلب – كلما بدأت تشعر على نحو لم تتوقعه إطلاقاً باستجابته الداخلية. يمكننا أن نعرف الله، ويمكننا أن نتواصل معه ونشعر بحبه في حياتنا.

لا يوجد حب يمكن أن يضاهي حب الله.

ابتهل له بعبارات روحك، وقل له: "إنك موجود مباشرةً خلف أفكاري، ومباشرةً خلف قلبي، ومباشرةً خلف تنفسي، ومباشرةً خلف الحب الذي أحصل عليه من أحبتي. أنتَ كل شيء يا إلهي – أنت وحدك الكل في الكل." عندما نأتي إلى هذا العالم يكون الله وحده معنا. وهو الذي يوجّه مسار حياتنا فيما إذا سمحنا له بذلك. وهو وحده الذي سيكون معنا عندما نغادر هذا العالم.

نادِ الله نداءً حاراً من أعماق النفس. تحدّث إلية بلغة قلبك. حرر نفسك من الهموم والأعباء. ومهما كانت عيوبك وذنوبك لا تخف من الذهاب إليه. إنه يعرفنا حق المعرفة، ولا يخفى عليه أي شيء. تذكّر أنه جوهر المحبة. إنه حنون جداً، ومتفهم للغاية. الله يعرف مدى قوة الوهم الذي وضعه في هذا العالم. ولكي يساعدنا للنجاة منه، فإنه يستحثنا على الدوام ويقول: "انظروا إليّ، تطلعوا إليّ. امنحوني حبكم، واعتصموا بي!"

لا تفكر أبداً أن الله بعيد عنك. لا تدع هذا التفكير يراودك إطلاقاً! فالله أقرب من القريب، وأغلى من الحبيب، وأكثر حميمية من أعز الناس عندنا.

عندما نحرص على أن نتذكر كم هو الله قريب منا في كل لحظة تصبح علاقتنا به في منتهى البساطة والعذوبة. في بحثنا عن الله، إن كنا نطلب ظواهرَ خارقة للعادة أو نتائجَ استثنائية مذهلة، فقد نغفل عن الطرق العديدة التي يأتي بها إلينا طوال الوقت.

تقول لنا الكتب المقدسة: "افرحوا كل حين. صلّوا بلا انقطاع. واشكروا في كل شيء." عندما نعترف بامتنان برحمة أبينا السماوي ولطفه، نعمّق توافقنا معه. الشكر والتقدير يفتحان باب القلب لفيض الحب الإلهي وتعبيراته الكثيرة.

أثناء النهار، وكلما قام أي شخص بعمل ما لمساعدتك، انظر يد الله في تقديم تلك المساعدة لك. وعندما يقول أي شخص شيئاً طيباً عنك، استمع لصوت الله من وراء تلك الكلمات. وعندما تحصل على أي شيء حسن أو جميل يجعل حياتك مفعمة بالنِعم، اشعر أن تلك النعم تأتيك من الله. وحاول أن تُقرن كل شيء في حياتك بالله.

في كل لحظة، اشكر الله على كل الأشياء والاختبارات الطيبة في حياتك، وتوجّه بقلب يملؤه الامتنان إلى مانح العطايا الإلهي.

الله يستجيب للذين يشبهون الطفل في طبيعته البسيطة والمنفتحة والمتقبلة، وفي محبته لأمه وثقته بها.

عندما تتلبد سماء وعيك بغيوم القلق، والتوتر، ونفاد الصبر، لن تتمكن من معاينة الحضور الإلهي في داخلك. يجب أن تتمكن من الانتظار بسكينة وهدوء. لقد وصف رابندرانات طاغور ذلك وصفاً جميلاً بهذه الكلمات المعبّرة:
ألمْ تسمع وقع خطواته الصامتة؟
إنه يأتي، أجل يأتي، في كل وقت يأتي.
يجب على المريد أن ينتظر في تلك السكينة الداخلية، وأن يشعر أثناء انتظاره بالحنين والمحبة التعبدية لله. عندئذٍ يبدأ بالشعور بالفرح الإلهي، والحب الإلهي، والحضور الإلهي نابعاً من داخله، فيردد: " إنه يأتي، أجل يأتي، في كل وقت يأتي."

كلما ثابرتَ، وصممت على عدم التوقف عن بذل المجهود، تبدأ بإدراك أن هناك عذوبة تنمو في داخلك تفوق أي شيء حلمت به في حياتك - وأن هناك تواصلاً مع الله لا يمكن لشيء أن يؤثر به... عندما تكون لديك تلك العلاقة مع الله، تستمتع حقاً بالحياة.

إن أحببت الله، يظل عقلك يتمحور حوله ويتركّز عليه. وتصبح راسخاً في الحقيقة الأزلية بدلاً من أن تتقاذفك أمواج الحيرة وعدم اليقين التي لا تهدأ في هذا الوجود البشري. وتصبح مغموراً في الأعماق الهادئة لبحر حضوره الداخلي، حيث لا يمكن للعواصف السطحية أن تسبب لك الازعاج والاضطراب. عندها لن تعاني من عدم الأمان – ولن تخشى الحرمان أو الأذى، ولا حتى الموت.

وهذه هي غاية الحياة التي هي العثور على الله. ومحبة الله.

نبذة عن المؤلِّفة

شري دايا ماتا (١٩١٤-٢٠١٠)، التي يعني اسمها «أم الرحمة» ألهمت الناس من جميع الأديان ومن جميع مناحي الحياة بحكمتها وحبها العظيم لله الذي نما من خلال ممارستها للتأمل والصلاة اليومية لأكثر من خمسة وسبعين عاماً. كانت واحدة من أبرز تلاميذ برمهنسا يوغانندا، ودخلت نظام الرهبنة الذي أسسه وهي في سن السابعة عشرة. وفي عام ١٩٥٥ أصبحت واحدة من أوائل النساء في التاريخ الحديث اللاتي تم تعيينهن على رأس حركة دينية عالمية. وكرئيسة لـ Self-Realization Fellowship[1]، المؤسسة الروحية والإنسانية التي أنشأها برمهنسا يوغانندا في عام ١٩٢٠ والتي تولت قيادتها حتى وفاتها في عام ٢٠١٠، قامت دايا ماتا بعدة جولات عالمية للتحدث مع الناس، وتم نشر مختارات من محاضراتها ومحادثاتها غير الرسمية في كتاب Only Love: Living the Spiritual Life in a Changing World وكتاب Finding the Joy Within You: Personal Counsel for God-Centered Living.

١ "جماعة معرفة الذات". لقد أوضح برمهنسا يوغانندا أن اسم Self-Realization Fellowship يعني "صحبة الله عن طريق معرفة الذات، ومصادقة جميع النفوس الباحثة عن الحقيقة."

نبذة عن برمهنسا يوغانندا

يعتبر برمهنسا يوغانندا (١٨٩٣-١٩٥٢) أحد الشخصيات الروحية البارزة في عصرنا على نطاق واسع. ولد في شمال الهند، وجاء إلى الولايات المتحدة في عام ١٩٢٠، حيث قام لأكثر من ثلاثين عاماً بتلقين علم الهند القديم: التأمل وطريقة الحياة الروحية المتوازنة. وقد عرّف ملايين القراء على حكمة الشرق الخالدة من خلال قصة حياته الشهيرة مذكرات يوغي *Autobiography of a Yogi* وكتبه العديدة الأخرى. واليوم يتواصل العمل الروحي والإنساني الذي بدأه برمهنسا يوغانندا بإشراف الأخ تشيدانندا رئيس Self-Realization Fellowship/ Yogoda Satsanga Society of India.

كتب باللغة العربية من تأليف برمهنسا يوغانندا

منشورات عربية من
Self-Realization Fellowship
متوفرة على الموقع الإلكتروني
www.srfbooks.org
أو غيره من مكتبات بيع الكتب عبر الإنترنت

كيف يمكنك محادثة الله
يُعرّف برمهنسا يوغانندا الله بأنه الروح الكوني الفائق والأب، والأم، والصديق الشخصي المحب والقريب من الجميع، ويبيّن مدى قرب الرب من كل واحد منا، وكيف يمكن إقناعه بأن "يكسر صمته" ويستجيب بطريقة محسوسة.

توكيدات شفاء علمية
في هذا الكتاب الذي يشتمل على مجموعة واسعة من التوكيدات يقدم برمهنسا يوغانندا شرحاً عميقاً للأسس العلمية للتوكيد. ويشرح طريقة عمل التوكيدات، وكيف يمكن استخدام قوة الكلمة والفكر ليس فقط لاستجلاب الشفاء، ولكن أيضاً لإحداث التغيير المرغوب في كل مجال من مجالات الحياة.

تأملات ميتافيزيقية
أكثر من ٣٠٠ من التأملات والصلوات والتوكيدات الروحية التي تلهم الفكر وتسمو به، والتي يمكن استخدامها لتنمية قدر أكبر من الصحة،

والحيوية، والإبداع، والثقة بالنفس، والهدوء؛ وللعيش بدراية أكبر بحضور الله الذي يغمر النفس بالغبطة والابتهاج.

عِلم الدين

في هذا الكتاب، يبين برمهنسا يوغانندا أن داخل كل إنسان توجد رغبة حتمية لا مفر منها وهي التغلب على المعاناة والحصول على سعادة لا انتهاء لها. وإذ يشرح كيف يمكن تحقيق هذه الأشواق، فإنه يتناول بدقة الفعالية النسبية للمقاربات المختلفة لتحقيق هذا الهدف.

قانون النجاح

يشرح المبادئ الديناميكية لتحقيق أهداف المرء في الحياة، ويحدد القوانين الكونية التي تحقق النجاح وتجلب الرضا – على المستوى الشخصي والمهني والروحي.

همسات من الأبدية

مجموعة من صلوات برمهنسا يوغانندا واختباراته الإلهية في حالات التأمل السامية. إن كلماته المدونة بجمال شعري وإيقاع رائع تظهر تنوعاً لا ينفد لطبيعة الله والعذوبة اللامتناهية التي يستجيب بها لمن يبحثون عنه.

مأثورات برمهنسا يوغانندا

مجموعة من الأقوال والمشورة الحكيمة التي تنقل ردود برمهنسا يوغانندا الصريحة والمفعمة بالمحبة لأولئك الذين قصدوه التماساً للتوجيه والإرشاد. المأثورات في هذا الكتاب، التي تم تدوينها بواسطة عدد من تلاميذه المقربين، تتيح للقارئ فرصة المشاركة في لقاءاتهم مع المعلم.

حيثما يوجد النور

يوفر هذا الكتاب الزاخر بالحكمة المستقاة من مقتطفات مختارة من كتابات ومحاضرات برمهنسا يوغانندا، مؤلف كتاب مذكرات يوغي، ثروة من الإرشادات العملية والإلهام لكل من يسعى إلى مزيد من الانسجام والتوازن الروحي.

العيش بجرأة وبدون خوف

يعلمنا كتاب العيش بجرأة وبدون خوف كيف نكسر قيود الخوف ويبيّن لنا كيف يمكننا التغلب على عوائقنا النفسية. هذا الكتاب الموجز فيه قدر كبير من الإرشادات التي تغير الحياة [نحو الأفضل] ومن أساليب اليوغا التي أثبتت فعاليتها في التغلب على الخوف.

لكي تنتصر في الحياة

في هذا الكتاب الفعّال يوضح برمهنسا يوغانندا كيف يمكننا تحقيق أسمى أهداف الحياة من خلال إبراز الإمكانات غير المحدودة التي في داخلنا. ويقدم لنا نصائح عملية لتحقيق النجاح، ويمنح طرقاً محددة لخلق سعادة دائمة، ويوضح كيفية التغلب على السلبية والقصور الذاتي من خلال استخدام القوة الديناميكية لإرادتنا.

لماذا يسمح الله بالشر وكيف يمكن تجاوزه

لقد سعى الفلاسفة وعلماء الدين في جميع أنحاء العالم للإجابة على السؤال: لماذا يسمح الله المحب بالشر؟ في هذه الصفحات، يقدّم برمهنسا يوغانندا القدرة على التحمل والعزاء في أوقات الشدائد من خلال شرح أسرار الدراما الإلهية. سيتمكن القرّاء من معرفة سبب الطبيعة الثنائية للخلق – التفاعل الإلهي بين الخير والشر – وسيحصلون على إرشادات حول كيفية تجاوز أصعب الظروف وأكثرها تحدياً.

في محراب الروح

قد نتساءل في كثير من الأحيان: «هل صلاتي فعالة؟ وهل يستجيب لي الله؟» يقدم هذا الكتاب الملهم حكمة وومضات تنويرية مختارة من كتابات برمهنسا يوغانندا. كما يتطرق إلى الطرق التي يمكننا من خلالها تعميق قوة صلواتنا وجعلها مصدراً يومياً للحب والعزيمة والإرشاد. إنه دليل روحي مصمم على نحو جميل لإلهام أتباع جميع الأديان.

السلام الداخلي
لكل من يشعرون بأن التوتر والعصبية حقيقة لا مفر منها في الحياة الحديثة، يذكّرنا برمهنساجي بأن في داخل كل واحد منا مركز من السلام يمكننا أن نتعلم كيفية الوصول إلية كلما أردنا.

كتب باللغة الإنكليزية
لبرمهنسا يوغانندا

Autobiography of a Yogi

God Talks With Arjuna: The Bhagavad Gita
— A New Translation and Commentary

The Second Coming of Christ:
The Resurrection of the Christ Within You
— A Revelatory Commentary on the
Original Teachings of Jesus

The Yoga of the Bhagavad Gita

The Yoga of Jesus

The Collected Talks and Essays

Volume I: Man's Eternal Quest
Volume II: The Divine Romance
Volume III: Journey to Self-realization
Volume IV: Solving the Mystery of Life

Wine of the Mystic:
The Rubaiyat of Omar Khayyam
— A Spiritual Interpretation

Songs of the Soul

Whispers from Eternity

Scientific Healing Affirmations

In the Sanctuary of the Soul:
A Guide to Effective Prayer

The Science of Religion

Metaphysical Meditations

Where There Is Light
—Insight and Inspiration for Meeting Life's Challenges

Sayings of Paramahansa Yogananda

Inner Peace:
How to Be Calmly Active and Actively Calm

Living Fearlessly
—Bringing Out Your Inner Soul Strength

The Law of Success

How You Can Talk With God

Why God Permits Evil and How to Rise Above It

To Be Victorious in Life

Cosmic Chants

دي في دي فيديو

Awake: The Life of Yogananda

فيلم من إنتاج شركة أفلام كاونتربوينت

يتوفر كتالوج كامل يحتوي على كتب وتسجيلات فيديو/
تسجيلات صوتية – بما في ذلك تسجيلات
أرشيفية نادرة لبرمهنسا يوغانندا – على الموقع الإلكتروني:
www.srfbooks.org

حزمة تقديمية مجانية

الطريقة العلمية للتأمل التي علّمها برمهنسا يوغانندا، بما في ذلك كريا يوغا – إلى جانب توجيهاته بخصوص كافة جوانب العيش الروحي المتزن – يتم تلقينها في دروس Self-Realization Fellowship. يرجى زيارة الموقع الإلكتروني www.srflessons.org وطلب حزمة معلومات مجانية شاملة عن الدروس.

Self-Realization Fellowship
3880 San Rafael Avenue • Los Angeles, CA 90065-3219
Tel +1(323) 225-2471 • fax +1(323) 225-5088
www.yogananda.org

كتب أخرى وتسجيلات لشري دايا ماتا

الكتب

Only Love:
Living the Spiritual Life in a Changing World

Finding the Joy Within You:
Personal Counsel for God-Centered Living

Intuition:
Soul-Guidance for Life's Decisions

أقراص سي دي

"My Spirit Shall Live On...":

The Final Days of Paramahansa Yogananda

Free Yourself From Tension

Moral Courage

Karama Yoga